3. Auflage 1993, Text neu bearbeitet von Hans Gärtner
© 1989, 1993, Michael Neugebauer Verlag, Gossau Zürich / Frankfurt / Salzburg
Alle Rechte, auch die der auszugsweisen Vervielfältigung,
gleich durch welche Medien, vorbehalten.
ISBN 3-85195-233-2
Printed in Italy by Grafiche AZ, Verona

Folgende Bücher wurden von Lisbeth Zwerger illustriert und sind im
Michael Neugebauer Verlag, Gossau Zürich / Frankfurt / Salzburg, erschienen:
DAS FREMDE KIND, E.T.A. Hoffmann
NUSSKNACKER UND MAUSEKÖNIG, E.T.A. Hoffmann
HÄNSEL UND GRETEL, Brüder Grimm
DIE SIEBEN RABEN, Brüder Grimm
ROTKÄPPCHEN, Brüder Grimm
DAS GESCHENK DER WEISEN, O. Henry
DÄUMELIESCHEN, Hans Christian Andersen
DER SCHWEINEHIRT, Hans Christian Andersen
DIE NACHTIGALL, Hans Christian Andersen
ANDERSEN MÄRCHEN, Hans Christian Andersen
DER RETTER DES LANDES, Edith Nesbit
DAS GESPENST VON CANTERVILLE, Oscar Wilde
EIN WEIHNACHTSMÄRCHEN, Charles Dickens
TILL EULENSPIEGEL, nacherzählt von Heinz Janisch
KINDERGEDICHTE UND GALGENLIEDER, Christian Morgenstern
AESOP 12 FABELN
DER ZWERG NASE, Wilhelm Hauff

Erhältlich in allen Buchhandlungen

MICHAEL NEUGEBAUER VERLAG

AESOP *12* FABELN

Die Stadtmaus & die Feldmaus

Die Sennerin & der Milchkübel

Der ältere Herr & der Satyr

Der Hütejunge & der Wolf

Die Hasen & die Frösche

Der Affe & das Kamel

Der Fuchs & die Trauben

Der Hase & die Schildkröte

Der Fuchs & die Krähe

Die Hündin & die Sau

Der Mond & seine Mutter

Der Esel & das Schoßhündchen

Illustriert von Lisbeth Zwerger & neuerzählt von Hans Gärtner

DIE STADTMAUS UND DIE FELDMAUS

Die Feldmaus lud einmal ihre Freundin, die Stadtmaus, zu sich aufs Land in ihre bescheidene Behausung ein. Alles, was die Fluren und Äcker an Leckerbissen boten, hatte die Gastgeberin herangeschafft und aufgetischt.

"Wie kann man nur so etwas essen!" empörte sich die Besucherin, als sie, hungrig von der langen Anreise, kräftig zugreifen wollte.

"Und übrigens – in einem solchen Loch kann doch keiner wohnen! Komm' mal zu mir, ich werd' dir zeigen, wie herrlich und fröhlich es sich in der Stadt leben läßt!"

Neugierig ging die Feldmaus noch am späten Abend mit und staunte nicht schlecht über das Stadthaus, in dem ihre Freundin daheim war.

In der Küche duftete es noch nach Braten und Auflauf, und auf Tellern und Platten fanden sich die Reste eines Festmahls. "Nimm, was du magst und setz' dich zu mir auf den Teppich!" sagte die Stadtmaus. Und sie begannen sich die Mäulchen zu stopfen.

Doch da setzte Gezeter ein, Stimmen näherten sich vom Flur her, die Tür wurde aufgestoßen und herein lief, der getigerte Hauskater, gefolgt von zahlreichen Menschenbeinen. Die Mäuse konnten gerade noch in eine Ritze schlüpfen.

"Mein Leben wär' das nicht!" fing am Morgen die Feldmaus an, "du lebst zwar hier in Saus und Braus, aber auch gefährlich. Da lob' ich mir mein kleines Loch im Wald. Das ist sicherer. Wicken sind außerdem gesünder als Sülzen und Pasteten… Leb' wohl, ich mach' mich auf den Heimweg."

Gib dich zufrieden mit dem, was du hast!
Gefahren und Reichtum sind dir nur Last.

DIE SENNERIN UND DER MILCHKÜBEL

Eine junge Sennerin hatte es sich angewöhnt, ihren vollen Milchkübel auf dem Kopf ins Dorf hinunter zu tragen. Der Weg war so lang, daß das Mädchen genug Zeit zum Nachdenken hatte.

"Das gibt einen schönen Batzen Geld, was da in dem Kübel auf meinem Kopf herumschwappt", dachte sie. "Was könnte ich mir dafür alles kaufen? Einen Korb voll Eier vielleicht. Die schiebe ich unserer Henne unter und hab' bald eine Schar Küken. Die Küken verkauf' ich dann auf dem Markt, der Erlös reicht bestimmt für ein Ferkel. Wenn ich das einen Winter und einen Sommer lang füttere und das Schwein dann dem Bauern anbiete, kann ich mir mein Traumkleid nähen lassen: grüne, dunkelgrüne Seide, weiße Litzen, Silberknöpfchen von oben bis unten, lang bis zu den Knöcheln...

Bei diesem Gedanken schaute die Sennerin nach oben und warf sich stolz in die Brust. Sie stolperte, und der Milchkübel fiel herunter. Die gute Milch breitete sich weiß über den grünen Rasen. Aus der Traum von den Eiern, den Küken, dem Ferkel, dem Schwein und dem langen, grünen Seidenkleid mit Litzen und Silberknöpfchen von oben bis unten.

Was du erträumst dir kühn und klar,
wird – leider! – dann nicht immer wahr.

DER ÄLTERE HERR UND DER SATYR

Ein älterer Herr hatte sich mit einem Satyr angefreundet, und weil beide ohne Anhang und weitere Verpflichtungen waren, beschlossen sie, zusammenzuleben. Das ging eine ganze Weile recht gut, bis eines kalten Wintertags der Satyr sah, wie sein Freund, der ältere Herr, sich die Hände rieb und mehrmals kräftig hineinblies. "Was soll denn das, Verehrtester?" fragte der Satyr erstaunt. "Nichts Besonderes, Verehrtester!" erwiderte der ältere Herr, "ich blase mir die kalten Hände warm."

Zum Abendessen gab es heißen Grießbrei mit brauner Butter, Zucker und Zimt. Der ältere Herr holte sich sein Schüsselchen, hob es ein wenig auf und blies hinein. "Was soll denn nun das wieder, Verehrtester?" wollte der Satyr wissen. "Nichts Besonderes, Verehrtester!" gab der ältere Herr zur Antwort, "ich blase meinen Grießbrei kalt. So heiß kann ich ihn doch nicht essen."

Der Satyr erhob sich, entsetzt über den seltsamen Freund, den er so merkwürdig bisher noch nicht erlebt hatte. "Ich gehe, Verehrtester! Ich gehe! Nehm' er es mir, bitte, nicht übel, aber es ist mir unmöglich, mit jemandem länger befreundet zu sein, aus dessen Mund es sowohl warm als auch kalt herauskommt."

Zu allem ist der Mensch imstande.
Das weiß ein jeder hier im Lande.

DER HÜTEJUNGE UND DER WOLF

Zu Urgroßmutters Zeiten gab es noch Hütejungen. Er hatte die Schafe seines Vaters zu hüten, draußen auf der Dorfweide.

Eines Tages fiel ihm ein, laut zu schreien: "Der Wolf! Der Wolf!" Die Nachbarn waren sogleich zur Stelle, bewaffnet mit Knüppeln, Schaufeln, Rechen und was sie sonst in der Eile finden konnten, um dem Hütejungen zu Hilfe zu kommen. Aber weit und breit war kein Wolf zu sehen. Da lachte der Hütejunge die Nachbarn aus, und sie zogen, getäuscht und noch die Angst in den Gliedern, ab.

Dem Hütejungen gefiel diese Fopperei. Es gelang ihm, sie an den folgenden Tagen mehrmals zu wiederholen. Die Nachbarn kamen jedesmal herbeigelaufen, um das Schlimmste zu verhindern.

Wenig später fiel nun aber wirklich der Wolf in die Herden ein. "Der Wolf! Der Wolf!" schrie der Hütejunge aus Leibeskräften. "Es ist der Wolf!"

Doch diesmal rührte sich nichts. Alle hörten zwar das Rufen, aber niemand setzte sich in Bewegung. "Falscher Alarm!" sagte einer der Nachbarn, "wie schon so oft! Der Junge hält uns nur zum Narren."

Der Wolf hatte leichtes Spiel mit den Schafen. Der Hütejunge mußte zusehen, wie er fast die Hälfte seiner Herde zerriß.

Wer einmal lügt, dem glaubt man nicht,
und wenn er auch die Wahrheit spricht.

DIE HASEN UND DIE FRÖSCHE

Einst trafen sich die Hasen zu einer Diskussion über ihre ganz und gar jammervolle Lage. "Wir leben auf Schritt und Tritt in Angst vor Mensch und Tier", klagte der Anführer laut. "Hunde und Raubvögel, ja nahezu alle Raubtiere stellen uns nach. Tagtäglich sind wir Opfer unerbittlicher Feinde. Ist es nicht so, meine Freunde?" Die Hasen nickten und murmelten zustimmend. "Wir sind es leid", fuhr der Anführer fort, "verfolgt und gehetzt zu werden. Lieber sterben als in Todesangst leben!"

Zum Äußersten entschlossen, hüpften sie alle miteinander auf den nahegelegenen Teich zu, um darin zugrunde zu gehen.

Am Ufer saßen Frösche. Als sie den nahenden Hasentrupp gewahrten, erschraken sie und sprangen in schönster Einigkeit ins Wasser.
"Halt!" rief da der Anführer der Hasen, "laßt uns vernünftig sein und am Leben bleiben! Es gibt Lebewesen, die uns fürchten und die wohl noch unglücklicher sind als wir!"

Ist einer unglücklich, wünscht gar sich den Tod,
Tröste er sich mit des andern noch größerer Not.

DER AFFE UND DAS KAMEL

Einmal waren alle Tiere versammelt. Am Abend, als man noch lange nicht aus-
einandergehen wollte, ließ sich der Affe zu einer Vorstellung seiner Tanzkünste
überreden. Er machte das so geschickt und anmutig, daß er mit Beifall über-
schüttet wurde.

Das reizte das Kamel und weckte sein Verlangen, auch im Mittelpunkt zu stehen,
so sehr, daß es sich erhob und zu tanzen anfing. Dabei versuchte es, sich wie
der Affe zu bewegen, machte aber eine derart lächerliche, ja bedauernswerte und
komische Figur, daß es zum Gespött seiner ganzen Umgebung wurde. Einige
Tiere fielen über das Kamel her und zogen es beiseite.

Das beste Mittel, Freunde zu verlieren ist:
nach Berühmtheit ohne Können gieren.

DER FUCHS UND DIE TRAUBEN

Der Fuchs hatte großen Hunger. Er strich durch einen Weinberg und schielte nach den saftigen Trauben, die von einem Spalier herunterhingen, so als wollten sie niemand anderen locken als ihn. Lüstern schaute der Fuchs auf die prallen Früchte über ihm und sprang in die Höhe, um sie zu schnappen. Aber sie hingen zu hoch oben, er konnte sie nicht erreichen. Da machte er ein paar Schritte zurück und nahm erneut Anlauf. Aber vergebens.

Wieder und wieder sprang der Fuchs in die Höhe und faßte nach den süßen Trauben. Er verfehlte sie aber immer.

Schließlich ließ er ab und schlich aus dem Weinberg. Er war ziemlich enttäuscht. Doch kurze Zeit später tröstete er sich damit, eigentlich gar nicht hungrig zu sein. Er streckte die Schnauze in den Wind und sagte zu sich selbst:
"Was soll's? Die Trauben da sind eh nur sauer!"

Was unerreichbar ist, was ferne.
das achtet man gering gar gerne.

DER HASE UND DIE SCHILDKRÖTE

Der Hase brüstete sich überall und immer wieder damit, wie schnell er doch rennen könne. Für die Schildkröte hatte er nur ein müdes Lächeln, weil sie so langsam sei und niemals mit ihm mithalten könne.

Eines Tages sagte die Schildkröte zum Hasen: "Lach' du nur über mich! Ich bin ziemlich sicher, daß ich dich bei einem Wettrennen schlage."

Das belustigte den Hasen sehr, und er meinte, man könne's ja einmal versuchen. Er wolle kein Spielverderber sein. So willigte er ein, mit der Schildkröte um die Wette zu laufen.

Man bestimmte eine Laufstrecke, legte Start und Ziel fest und – los ging's! Selbstverständlich war der Hase viel schneller als die Schildkröte. Sein Vorsprung war so groß, daß er die ganze Sache belächelte und sich an den Wegrand legte, um ein wenig zu verschnaufen. Bald aber war er eingenickt, und als er, von einer Fliege auf der Nase geweckt, auf das Ziel loslief, war die Schildkröte schon da. Unbeirrt und ohne Aufenthalt war sie ihren Weg gegangen und hat so den Wettlauf gewonnen.

Wer meint, der Schnelle nur gewinnt, der irrt.
Die Stetigen die Sieger sind.

DER FUCHS UND DIE KRÄHE

"Wie könnte ich es nur anstellen, diesen guten Käse zu erwischen", dachte der Fuchs bei sich, als er eine Krähe mit dem begehrten Stück im Schnabel hoch oben auf einem Baum erblickte. Er hatte mit eigenen Augen verfolgt, wie der Vogel zu seiner leckeren Beute gekommen war.

Der Fuchs schlich unter dem Baum hin und her, schaute immer wieder hoch und sprach schließlich die Krähe an: "Wie gut Sie heute abend aussehen! Ihr glänzendes Gefieder, betörend! Sicher können Sie viel schöner singen als alle anderen Vögel unter diesem Himmel!"

Die Krähe fühlte sich sehr geschmeichelt. Kaum einer hatte ihr jemals solch süße Worte gesagt. So wollte sie beweisen, daß sie durchaus schön singen konnte. "Krah! Krah!" stieß sie laut hervor. Dabei fiel das Stück Käse zu Boden. Der Fuchs schoß drauflos und verschlang es.

"Singen kannst du. Das macht dir so schnell niemand nach", bemerkte der Fuchs trocken beim Gehen. "Aber im Kopf fehlt's dir ganz beträchtlich!"

Mehr Dummheit gibt's auf dieser Welt
als je man es für möglich hält.

DIE HÜNDIN UND DIE SAU

Die Hündin und die Sau waren einmal in ein hitziges Gespräch verwickelt und am Ende gar aneinander geraten. Jede Mutter beharrte darauf, daß ihre eigenen Jungen besser und hübscher sind als die der anderen.

"Hör mal!" schrie schließlich die Sau die Hündin an. "Du wirst doch nicht bestreiten wollen, daß meine Jungen sehen können, wenn sie zur Welt kommen, während die deinen blind geboren werden!"

Das war der Hündin zuviel. Sie zog ab, sehr verärgert. Nie mehr hat sie mit der Sau gesprochen.

Vergleiche hinken – jedem ist's geläufig.
Doch sind sie dumm, kostet's die Freundschaft häufig.

DER MOND UND SEINE MUTTER

Einmal bat der Mond seine Mutter, sie möchte ihm doch ein Kleid anfertigen.
"Was denn – ein Kleid?" fragte sie verwundert zurück. "Es wird dir keins passen,
mein Sohn! Heute bist du schmal, morgen bist du dick und rund: bald Neumond,
bald Vollmond. Und die Zeit dazwischen bist du weder das eine noch das andere."

Dem, der stets sein Aussehen wechselt,
ist nicht leicht ein Kleid gedrechselt.

DER ESEL UND DAS SCHOSSHÜNDCHEN

Eines Tages schaute ein Bauer nach seinen Stalltieren. Ein Esel gehörte zu ihnen, der gut gehalten wurde. Er bekam genug Hafer und Heu zu fressen; mußte er doch seinen Herrn oft auf dem Rücken tragen.

Der Bauer hatte sein Lieblingshündchen mitgenommen, das herumsprang und überall schnüffelte.

Als der Bauer sich zu den Stallburschen gesetzt hatte, sprang das Hündchen auf seinen Schoß und ließ sich bereitwillig streicheln und kraulen.

Das machte den Esel eifersüchtig. Dieses Hündchen, dachte der Esel bei sich, führt ein fürstliches Leben und braucht nichts dafür zu leisten. Ich aber muß mich abrackern für meinen Herrn. Und was kriege ich dafür?

So riß er sich los, bäumte sich auf und stolzierte einher, nicht viel anders als es das Hündchen vorhin getan hatte. Das brachte den Bauern zum Lachen. Der Esel trabte auf ihn zu und machte gar Anstalten, sich auf seinen Schoß zu setzen, gerade so, wie es das Hündchen vorgemacht hatte.

Die Stallburschen erkannten sogleich, in welcher Gefahr sich der Bauer befand, holten Stöcke und Mistgabeln und trieben das Grautier in seine Koppel zurück. "Schon gut!" schrie der Esel, "schon gut!"

Wer harte, schwere Arbeit muß verrichten,
mag auf Liebkosung, Lob nicht ganz verzichten.